JN418647

하슬라역

하슬라역

이애리 시집

詩와에세이

2011

차례__

제1부

제2부

제3부

제4부

제1부

무릉계곡이 어디냐고 묻는 이녁

몇 십 리나 될까
꽃과 새 그리고 단풍나무 뿌리를
헹구어도 좋을 용추폭포

발 담그고 물장구치던 선녀탕 소금쟁이
두타산 신선이랑 우물고누를 두는 곳
학소대에서 발 씻겨주는 이녁이라면
남우세는 상관 않으리

햇대등 헤매던 산행에서
두타산성 쪽동백나무 그늘에 쉬는데
어릴 적 떼를 쓰면 윷을 깎아주던
외탁한 정대 오빠가 말판처럼 떠오른다

무릉계곡이 어디냐고 묻는 이녁에게
눈 감아야 선명히 각인되는 신선봉
바로, 거기쯤이라고 끄덕이고 싶네

달방리 연가

학교가 끝나면 개울에서 멱을 감는다
콩잎으로 귀마개를 하고 물장구치던
미숙, 원열, 경랑, 정호, 말랑이, 숙희
월숙, 상택, 송자, 그리고 세상 떠난
진우, 진녀도 달방댐에 서성일까

화장터가 있어 스산했던 신흥마을
아름드리 소나무들 달방댐에 잠겼어도
솔방울은 맺혔을까

폐교된 초등학교에는 체험학습장이 들어섰고
어릴 적 코흘리개들의 웃음소리 온데간데없다
다만, 노송 몇 그루가 운동장 귀퉁이에 남았을 뿐
달방댐 주변에는 유년의 추억만
이명처럼 맴돈다

추암역

태백준령을 넘어 해맞이 온 사람들
갈매기도 수평선 물고 능파대에 도착한다

용추(龍湫) 같은 애국가의 첫 소절 동네
촛대바위 심지 돋워 밀어 올린 태양은
해당화보다 붉게 사람들 가슴을 적신다

구름 위만 비출 때가 더 많지만
어제 머금었던 광휘, 흰 포말로 드러내고
동해바다는 제 물빛을 지녔기에
담담하게 잦아듦이 아니겠는가

맨발로 모래톱 뒹굴어도 좋은 추암역에서
보드란 해연풍 한 잔을 나눠 마시며
바다열차는 푸른 내일을 달린다

북평 장날

소 팔러 북평 장에 간 아버지는
소가 똥값이라며, 우체국 앞 대폿집에서
연신 막걸리만 한나절이다
고무신 갖고 싶은 맘 아는지 모르는지
노을을 안주 삼아 메밀묵도 울먹인다

소 팔아야 니들 오라비 학비 부칠 텐데
아버지 걱정 마세요, 송아지는 제가 키워요
당신 지게에 푸른 건초와 쇠똥 냄새가
우리집 대들보라고 했잖아요

설 대목장에, 아버지는 나비무늬가 박힌
까만 고무신 한 켤레를 사 왔다
그 신발 껴안고 좋아라 하던 여식
아버지가 좋아하는 고등어자반을 사러
오늘 북평 장에 간다

섬노루귀

—외도에서

그대 가슴에 낭떠러지가 있을 줄이야

거제도 뱃길을 불혹이 되어서 건넌다

우리가 한때 힐끔해도 좋은 외도

그 절벽의 섬조차 사랑인 줄 알겠네

벼랑에 맘 걸어둔 세월이 얼마인가

섬노루귀로 웃자라 명명(鳴鳴)한들

소용없다며, 흘레바람이 손가락질한다

숫사람 밤느정이 아래로 오다

차리기* 떨어지는 소리 좇아
밤 줍던 아이 언제부턴지
지켜보던 숫사람 보았네

밤느정이 흐벅지게 필 때면 언제나
간절한 숫눈길로, 등 뒤로 온 가시
가슴에 안고 눈 감을까 뜰까

밤꽃으로 치장하고 올올(兀兀)이 기다리다
향기 절정으로 목울대까지 차올라
밤꽃으로 꽃 밥상 차린 날, 언제 왔는지
밤톨 두 개 얹어놓는다

* 알밤을 뜻하는 강원도 사투리.

곰팡이

꽃 아니라고 기죽지 마라
눅눅한 습지를 지탱해온 그늘과
불임의 시간들 뭉쳐 촘촘히도 피었구나

너를 다녀간 세상의 모든 음지가
다 독 되는 게 아니라고 믿는다
만지기만 해도 세균 번지고 마는 것은
저 불온한 사람의 손길이지
이어지는 혐의들

그리운 체온 감지하며 늑골 아래서
저토록 푸르게 꽃이 될 수 있으니
내 스러져 썩은 후에도 다시
이녁의 한 줌 허리에 깐깐한 꽃으로
피어날 수 있을까

하슬라역

구름에 가려 찬란한 일출을 보질 못하고
동해안 철길 해송을 카메라에 담지 못해도
겨울비가 기차 레일 위에서 훌쩍여도 좋다
화비령에 진눈깨비 날리다 금세 폭설로 변해
오가는 사람들 발목을 덜컥 붙잡아도 좋다

역내에는 해연풍 같은 음악이 흐르고
마지막 남은 담배 한 개비를 궁굴리며
주머니에 라이터가 없어도 허전하지 않겠다
철도신문을 뒤적이다 해국(海菊) 같은 하슬라역을
배경으로, 한 잎의 시를 써 내려가도 좋다

따스한 커피를 건네는 역무원의 배려에
귤 두 개로 화답하며 시간 멈춰도 좋고
마구 퍼붓는 괘방산 함박눈에 혼을 빼앗겨
밤새껏 소금별 숫눈길을 헤매다녀도 좋다

눈 속에 파묻힌 기차 레일을 찾아내서
그대와 거리를 조율하듯 가깝게 좁혀놓고
해맞이 온 사람들 행선지가 바다로 향해도
밤 파도의 포말을 밀어내듯 발빼하면서
심곡항 등대처럼 밤새 글썽거려도 좋다

* 하슬라역: 강원도 영동선 동해역과 강릉역 중간 즈음에 있음직한 역이며, '하슬라' 는 '해(日)와 밝음(明)' 이라는 순수 우리말로 강릉의 옛 지명.

안개자니계곡

꽃 피고 나비 날던 시절은 출타하고
황병산 바람만 숫눈길 걷는다

상고대 고뿔조차 조바심내던 설산을
유일하게 그 소년이 길을 냈을 거라고

오대산 능선을 타고 오는 게
안개자니계곡의 찬바람만이 아니란 걸
노인봉은 알고 있다

소년은 버들피리를 잘 불었고
토끼풀로 꽃반지를 만들어 주었다
사랑은 적어도 그랬을 거라고 반추하면서

눈꽃보자기에 싼 설렘을 풀었더니
보고픔이었다가 이내 쓸쓸히 돌아서고

사랑이었다가 가슴 적시며 허전해지는
그해 겨울 안개자니계곡은 폭설이 깊었다

납화(蠟畵)

바짓가랑이에 뜨겁게 들이댄다
펄펄 피는 꽃의 교염(嬌艶)을 납화하면서

후줄근한 바지를 다림질하는데
고간의 중심을 좋아한 꽃들이 떠오른다
영동선 기차 레일의 팽팽한 간격 같은

속 보이는 일이지만, 가랑이 사이
빳빳한 직립의 숨결을 적극 환영해
흔들리는 넥타이에 꽃비아그라가 피어나고

아직은 그 사람의 거기가 쓸만하다며
지루한 하품을 다림질하는 찰나
바지가 눌어붙어 한통속의 꽃들도
결박하는 것이다

귓밥이 큰 사내

현이네 돌담에 인물값 하는 뾰주리감나무
뭇 여잘 많이도 따먹었을 법한
빨갛게 익어가는 홍시 같은 내연의 감꽃
잘생긴 걸로 치면, 귀불알까지도 탐난다

허수아비가 감 장대를 들고 서 있어도
참새는 논둑에서 벼 이삭을 까느라 정신없고
두근두근 벼가 익는 가을볕 아래서
나도 볏짚가리에 풀썩하니
귓밥이 큰 사내랑 연애하고 싶다

병내리 속세골 노란 고욤꽃같이
앙증맞은 밑을 보이며 궁둥잇바람 불 땐
현이네 감나무와 접을 해서, 감 따먹고 싶고
귓밥이 큰 사내 같은 바깥 개자니계곡에서는
떫은 고욤씨뿐이라고 발뺌한다

박쥐

햇볕 한 뼘 비밀에 두고
깜깜한 어둠을 앞세워 외출한 걸 보면
아직은 생이 너무 젊다
삼홍동 달빛 번지까지 어떻게 온 걸까

모처럼 가족들 모여 삼겹살에 소주를 마시는데
느닷없이 박쥐 한 마리가
동기간처럼 저녁 밥상에 앉는다
우린 밥숟갈처럼 휘둥그런 동공을 열며
일제히 박쥐다, 라고 외쳤다
첫 입맞춤을 나눈 천곡동굴 애기박쥐일까
속 깊은 할아버지는 창문을 활짝 열어주었다

살다 보면 복장 터지기도 하고
손해 보기도 하며, 억장과 맞닥뜨릴 때
푸른 햇살 한 줌이 호주머니에서
환해지면 좋겠다

귀띔

근덕 궁촌리 영은사 상사화 보러 갈 때는
동기간이나 애인이랑 가지 말고 홀로 가

그동안 사는 게 힘이 들었다면, 지친 몸을
백목련나무 그늘에 얼마간은 그냥 둬도 좋다

적적해도 상사화는 여럿 보는 게 아니야
해탈교 앞에서 뭉클하도록 혼자만 봐

독을 품었다면 영은사 근처에 얼씬도 마
부정 탄다, 허물 벗은 능구렁이가 술렁인다

영영 볼 수 없어도, 마읍천에 쌍무지개 뜨면
상사화 저문 자리 곁눈질로 귀띔할 게

오대산 손단풍에게 초록이 전부였던 그 화끈거림이란

새들은 붉은 단풍을 원했고
생에 있어 호된 뜨거움이란
단풍잎 같은 손거울에 나를 비춰 보는 일

지나온 모든 안부가 궁금했을 터
사랑이 한때 위험했다면
오대산 수목림 지나
청람빛 손단풍보다 푸르렀을까

바스락바스락 지나가던 날다람쥐 한 마리가
지난가을
길 잃은 도토리 한 개를 굴리다가
사람들이 던져준 소시지를 넙죽 물고
떠나간 자리에도,
그 창창한 유록(柳綠)이 전부였던
푸른 봄날이 있었다

뭐든 푸르다는 것
생애 최고의 순간이었을
위험할 필요도 없던
초록이 전부였던 오대산 손단풍

그 푸른 단풍나무 그늘 이면에는
암암리에 산안개 뭉게구름 천둥 번개
별빛 이슬이 내려와 웅숭깊은 젖 물리며
새순 키운다는 것을
몇 번의 가을을 떠나보내고 나서야
끄덕일 수밖에

오대산 수목림 지나 초록이 전부였던
손단풍 곁에 봄 내내 진을 치게 만든
그 화끈거림이란

호박소나기

소나기에 맥없이 떠내려가는 애호박들
그 맘을 헤아린 건 상월산 명주막골이었다
풀쐐기 오디가 많던 머들솔밭 국시뎅이*

북평 장을 다녀온 엄마가 쉴 때도 있고
아버지의 늙은 자전거가 눕기도 했던 돌장광
호박소나기 한풀 내린다

굿당 징소리가 자주 들리던 계화네 밭가
말뚝 박지 않고 대충 심어놓은 호박순
소나기를 맞은 애호박이 잘 자라는 데는
태양과 왜알락꿀벌의 수고도 있었다

뾰족한 우산대가 뭉텅해질 요량으로
툭툭 건드린 호박들 도랑으로 떠내려가고
미처 따라나서지 못한 민둥호박은
내 우산에 찔려 허연 속을 보이며 뭉크러졌던

십 리 길 걸어 초등학교에 다녔던 그 아이
둥근 세상을 사는 불혹이 되어서야
그때 미안했고 너무 철부지였다고
호박소나기에게

* 동해지역의 산봉우리 강가 재(嶺) 근처에 있는데, 사람의 무사 귀가를 바라는 돌무덤을 일컫는 말.

검둥새벽

장닭이 울기도 전 주루막을 짊어지고
된달방 백복령으로 송이밭 찾아 나선 아버지
간간이 머루, 다래, 잣, 가래추지, 으름에다
조상 꿈꾼 날은 송이를 더 많이 따왔다

밤송이가 허옇게 입 벌리는 추석 무렵
값나가는 송이는 따더라도 내다팔지 않고
삼홍동 사돈집에 해마다 보냈다
퍼들송이는 가까운 자식들에게 나눠 주었다

묵호 번개시장에 푸성귀를 팔러 다닌 어머니
산 약초 머루 송이가 잘 팔리지 않는 날이면
어판장에서 이까이리 꽁치를 떠리미로 바꾸고
가끔은 잔챙이 끝사과를 한 초롱 이고 왔다

묵호항 선착장

괭이갈매기가 하얀 포말로 다가왔다
멀찍이서 감지해야만 들리던 뱃고동소리
일정아파트까지 온 해무에 결박되어
묵호항역 마당가에 핀 백목련 꽃등을
선착장에 주렁주렁 내다걸었다

바닷가 삶이란, 해풍에 등 떠밀리다
방파제 끝자락 이름없는 무인등대처럼
오도 가도 못하고 발목 잡혀서
파도 같은 아들 딸 낳으며
글썽이기도 한다

어달산 봉수대를 등져 있는 밤바다
묵호역 앞 동해장 여관에 머물던
향유고래 사내, 밀린 숙박일지는 적지 않고
늘그막까지 그물코를 손질하며
오징어 한 두름을 묵호항에 풀어놓는다

한솥밥 둥글게 먹으면
—사랑

사랑은 밥이다
청국장 보글보글 끓는 아침 밥상이며
그대의 뜨끈뜨끈한 아랫도리가 생각나는
저녁노을이다

이 세상 모든 숨결
두 주먹 불끈 쥐게 하는 밥심
고봉밥에 담긴 아내 이름을
곱씹어 보는데

수채통에 불은 밥알은 아내의 잔소리다
반달접시 깨지는 소리 못들은 척하며
사랑이 밥 먹여 준다고
사내답게 큰소리를 친다

혹애하는 이와 마주앉아
한솥밥 둥글게 먹으면

입안 가득히 사랑이 도톰해지며
아가들이 자란다

쑥국향 뭉근한 저녁상 앞에서
내친김에 꽃밥 도장 꽃, 꽃, 심으니
늦둥이라도 화들짝 피어나라

소나기밥 머리맡에 꽃잠 들어
마치 중국식 공갈빵처럼 둥그렇게
배가 점점 불러오고 있다

제2부

천은사 꽃 기별

말복 더위가 한창인 내미로 천은사
늦은 자목련이 피었다는 꽃 기별

뙤약볕이 구시렁대며 하품하던 날
도계긴잎느티나무숲인가 싶더니
자갈밭과 돌부리에 걸리고, 불이교 건너자
하루살이까지 나서며 꽃구경을 하잔다

쉬음산 정상에 고누판 오십정(五十井)
더위 식히려 낮달이 멱감던 소일까
자목련 몸엣것 쏟아낸 흔적일지도 몰라

한여름에 꽃 피운 천은사 자목련
사람의 인력으로 될성부른 늦은 꽃 기별에
아름아름 사람의 발길 꽃 사태로 출렁이고
천은사 둘레길이 목련향으로 왈칵한다

낙타, 모래기둥 잎겨드랑이

바람은 하루에도 몇 번씩
모래산을 옮겨 시야를 가리고
거리를 넓혀가며 쌓였다가
부서지더라도 일일이 따라 오른다

신기루라도
바다그림자 밀려오기를 바랐더니
모래알갱이 하나하나와
낙타의 푸른 눈썹에도
새벽이면 이슬 맺히더라

덕분에 갈증은
물혹으로 달래지고
눈앞에서 손잡아 주는데
망각으로 흔들리겠는가

넉넉히 비 내리면 내릴수록

낙타, 모래기둥 잎겨드랑이에서 나눈
푸른 입맞춤과
광풍 너머로 보낸 휘파람을 기억하면
언제나 아늑한 숲길이어라

삼화귀룽나무

생의 반을 누굴 위해 횡허케 달렸던가 딱히 미울 것도 없어, 그저 몫을 톡톡히 해내는 일, 둥근 사람들의 웃음소리와, 궁둥이 들이밀 곳도 있으니, 삼화귀룽나무 곁에서 꽃 천지가 되어줄 그대와 풍금소리가 들리는 유년의 삼화초등학교 음악수업처럼 정겹기를

그대 술 한 잔을 타는 가슴에 붓고, 밤새 홍얼거릴 노래와 두타산 무릉계곡의 널따란 무릉반석을 이부자리 삼아, 보름달빛에 뽀얀 젖가슴 내줄 그런 여잘 곁에 둘 수 있다면, 그녀만을 위한 멋진 사람이 되겠다던 삼화귀룽나무 아바타 연인

사람의 숲마다 푸른 창문을 열어놓고, 햇살을 활짝 받아들이는 헛헛한 불혹의 새소리 듣는다 너무 느끈해도 큰일이지만, 아주 헛헛하지 않을 사랑아, 꽃들이 온통 멀미하는 삼화귀룽나무 창가에, 꽃병 하나쯤 놓았다고 안부를 여쭙고 싶어지는 삼화사 무릉계곡 초입, 샘물 한 모

금 나눠 마시며, 두타산 청옥산 이기령 가는 길목 삼화동
쌍용아파트 근처 귀룽나무숲으로 가자

서학골 구둥감자

녹우 내리던 밤
조껍데기술을 주고받으며
울퉁불퉁한 정 나누던
부모님의 밭가

설겅설겅 밍밍해도
앙증맞게 노란 꽃 피는
무뚝뚝한 뚝감자

한 번이라도 분나도록 쪄져
소쿠리에 담겨 본 적 없는 뚱딴지
둥글다가 말아서 구둥감자
마구간에 굴러다니는 돼지감자

엄마가 쪄준 까만 감자떡 한입 베어 물고
불룩한 뱃구레로 구둥감자를 발로 걷어찼듯이
어릴 적 가난도 발로 툭 차고 싶었다

말벌집

아찔한 기억을 추슬러본다
흩어진 상처 부스러기가 아파서
정수리를 만져보니, 말벌 촉이 아직 살아
부푼 핏덩이와 충자증(蟲刺病) 교접이다

한때는 단내나는 꽃을 따려고
말벌들 날갯짓하며 창공 누볐을 텐데
소가지 못 쓰는 땡삐를 내치지 못하면서
누런알락뾰족맵시벌의 자리에
쑥대궁이로 경계는 왜 긋는가

두꺼비와 천적이면서도
한때는 양봉하는 싸리꽃에 얼쩡대놓고
토종꿀 채워지는 서학골 등불이네집
이웃사촌을 자청한 말벌들 때문에
동네가 시끄러워지고 있다

미로역 명자씨

살다 보면 지칠 때가 있다
죄 없는 술병에다 몸을 맡기고
쓸쓸한 잠바주머니 속 천 원짜리 지폐처럼
구겨져, 추적추적 울고 싶은 날
사무실 책상에 쌓인 서류 결재란에
한 사나흘 정도 부재를 알리자

가끔은 살아가는 일이
떠나는 열차 뒷모습처럼 쓸쓸해지고
뒤돌아보며 애써 웃던 그를 생각하면
아직 작별하지 못하고 있었다
미로역(未老驛)* 철길에 명자꽃 지고
왜 이다지도 안타까움이 앞서는지
참 많이도 사랑했었나 보다

* 강원도 삼척시 미로면에 위치한 영동선 철도역.

은행잎 고무줄

은행나무를 가로지른 빨랫줄에
어린아이 기저귀가 펄럭이고
바지랑대 고추잠자리가 뭉텅뭉텅 존다

원하면 똥을 싸고 밑 내보이며
두 다리 쩍 벌려 뜀박질할 때도
아랫도리 풀고 오줌을 부러 갈길 때도
애기똥풀 누렇게 번졌을 은행잎 고무줄

허리춤의 책보가 풀어질 때나
구린내 풍기며 큰 볼일 본 후에도
저마다의 방식으로 은행잎 기저귀 고무줄을
당겼다 놨다 하면서, 여기까지 왔다

개중에 몇 잎은 햇살 기저귀를 채우던
노란 고무줄의 생각을 찬찬히 읽어내면서

용두탕

온몸 발정하는 향로동 용두탕*
짧은 시간 틈에 성실한 수음을 한다

누가 믿어줄 것인가
여러분이 바로 대통령입니다, 라고 외치던
나라 어른이 동네목욕탕을 좋아해서
경호원은 고민이라고

탈의실 앞에서 미끈한 언니들이
불알만한 맥반석계란을 까먹고 있다

물방울무늬 팬티를 걸친 때밀이 아줌마
낡은 생각을 땀으로 닦으면서
귀한 사모님 몸에 우유팩을 시작한다
모(毛)가 듬성한 비누통 아랫도리에
짝퉁의 눈 쌍꺼풀이 풀어지고
둘암캐 같은 생각이 순결표 팬티를 찢는다

몸 밖의 때들도 비누거품과 교미하고는
벌러덩 나자빠지고 있다

* 강원도 동해시 향로동 84번지에 소재하는 목욕탕.

새참밥고리

연연한 머윗잎은 쌈으로 향긋하고
대궁이 여문 머윗대를 가마솥에 삶아
껍질을 자분하게 벗겨야 한다

초경을 시작한 다솔이 머릿결 만지듯
사나흘 우려야 쌉싸래한 맛이 간다
꼬들꼬들 햇볕 그늘에 번갈아가며 말려
꽃새댁 머리 쪽지듯 장독대에 잘 쟁여야만
된장 맛이 고루 밴 머위장아찌가 된다

간간이 봄비 내리고 잎새바람도 필요해
듬성한 해거름이 장독대에 저물고
농주 한 사발에 찬밥덩이여도
머위장아찌 한 톨이 꿀맛인 새참밥고리

소금별 기차

첫눈 오는 날, 소금별 기차를 타고
도계역 지나 나한정역에 내려보세요
누가 마중 나올지 참 궁금하지요
통리재 눈사람도 아니고, 미인폭포에서
번지점프를 하자던 물안개도 아니에요

조급함에 소지품을 두고 내리면 안 돼요
나한정에 미처 못 내리면 역무원에게
애교 섞인 목소리로 홍정해야만
홍전역에서 내릴 수 있을지 그건 몰라요

훤칠한 키에 그윽한 눈매를 지닌 사람
흑장미넥타이가 어울리는 역장님이 나와
소금별 눈꽃 기차를 환영한대요, 특히
미인폭포에 갈 땐 미남은 조심해야 한대요

둥근 직립

뒷간 거름더미 곁 대추나무 한 그루
여름내 호박넝쿨과 가깝게 지내는가 싶더니
가을이 되자, 대추는 몇 알밖에 없고
누런 호박이 보름달처럼 대추나무에 열렸다

국수안반 같은 엉덩짝을 치켜세우고
가을볕 아래서
둥근 행보를 시작한 호박덩이

돌담 밑에 맨드라미가 울화가 치밀었는지
팔뚝 같은 욕 한 다발을 퍼부으려는데
대추나무 모가지에 한번 매달려 본 적 있냐며
부아가 난 누런 호박이
대추빗자루병을 시작한 대추가지를 꺾어
맨드라미 얼굴에 팽개친다

담벼락에 치근대며, 누렇게 익어야 할 호박

허공을 짚고 둥근 직립을 시작한다는 것

젊은 날, 애호박이 담벼락에 머리 처박으며
절명(絶命)의 낙법사랑 체득한 후라는 걸
연륜의 대추나무는 이미 알고 있었다

단양 기행
—두향

나비 날지 않는 춘설이면 어떠랴
청매화문양의 오방색 두루마기 걸치고
옥순봉을 유람한다
뜨겁고 절절했던 한시절도 지나고 보면
충주호 뱃길처럼 까마득해지는 법

단양 장터에서 순대국밥에 마신 반주
찰진 목청 타고 온몸으로 퍼지는데
누군들 온전할 수 있으랴

야무지게 이뻤던 두향, 그 가시내
강선대에서 온전한 정절 지키며
서슬 퍼렇게 발등을 찍었다고, 하여
거북바위라도 목울대처럼 껴안고
두향주(酒) 몇 병째 눕히고 말았다

동해역에서 소주를 마시다

오징어들이 벗어놓은 몸 꺼풀을
사람들은 주섬주섬 챙겨 입는다

거나하게 취한 술이
온몸을 헤집으며 철썩일 즈음
열차는 동해역을 지나가고
기적소리만 플랫폼에 울고 섰다

기다림에 지쳐서가 아니라
빈 술병이 허전해서 보듬고 있다
갈증이 해무처럼 아늑해질 수 있다면
오징어 똥물 뒤집어쓴대도 무슨 상관인가

역 광장에 오도카니 소나무 한 그루
부랑아의 자유라도 누가 되지 않으니
바다로 나갈 거면 갈아타도 좋다

일가친척나무

동막골 신흥사에는 부모자식처럼
혹은 연인같이 한 몸으로 살아가는
희한한 일가친척 배롱소나무가 있다

서로 사랑할 수밖에 없는
운명의 두 나무 이면에는
천둥 번개와 같은 불면의 세월과
덕풍계곡의 어마어마한 단풍
침묵으로 받아준 마음천도 있다

오랜 숙환에 나무링거에 의지하며
훗날 꽃 시들고, 새소리 듣지 못해도
한 식구처럼 아껴주고 핥아주면서
동행을 실천하는 신흥사 배롱소나무

정동(正東), 모래시계소나무

맨 처음 고현정소나무라고 불렀어요
바다를 가장 가까이 안고 있는 정동진역
그곳이 유명세를 타면서부터 사람들은
정동진 모래시계소나무로 부른답니다

친구들이 날 부러워하며 시샘을 하죠
너만 잘 났냐 우리도 너만큼 된다는 거죠
이건 귀엣말인데요, 사실 정동진에는
나보다 멋진 친구들이 훨씬 많답니다
괭이갈매기, 고성목 파도, 헌화로 해당화요

나는요, 바다를 향해 서 있지 않아요
정동(正東)에 오거든 꼭 확인해보세요
열차를 타고 온 그댈 마중하기 위해
철길 옆에서 목을 쭉 빼고 비스듬히 있죠

단풍사과

모처럼 단풍구경을 나섰는데
동점역 단풍마을에서도 볼 수 없던 단풍
넛재 넘어 부석사 가는 길에 만났다

홍등처럼 단풍사과를 매달아 놓은 사과밭
도로가에는 단풍사과 언니들이
산더미처럼 사과상자를 쌓아놓고
단풍 같은 미소 몇 잎을 얼굴에 매달고는
사과값을 흥정하고 있다

부석사 경내 대나무들이 삭정이가 되었다
겨우내 무슨 일 덮친 게 분명한데
심증만 있을 뿐
조사당(堂) 처마에 있는 골담초도 딱해 보이고
죽은 대숲이 눈에 밟히는 부석사 단풍길

부모님을 위해 사과 한 궤짝을 싣는데

사과 파는 단풍사과 언니들이
봉황산 단풍 한 다발을 덤으로 건넨다

맹방덕산바닷가
—덕봉산

굽이돌아 한재(嶺) 넘나들던 해풍아,
대책 없이 덕봉산 달빛 그리우면 어쩐다
앞서 맘 들킨 바람처럼 흔들리게 만들고
각중에 맹방 유채꽃들이 풀썩 나자빠졌다

해당화도 쓴 입맛 다시며 가시를 꺾고
삶이 뭐 그리 대순가, 덕봉산도 봄을 타는지
마음천 연어를 한꺼번에 풀어 놓았다

태백산과 불목하고
바다로 나와 섬이 된 덕봉산
네가 지금 나였다면 해풍을 데리고
동막골 대나무숲에서 한살림 하겠네

제3부

진홍가슴

붉은 심장을 가진 새
얼마나 뜨거운 가슴을 지녔으면
새 이름이 진홍가슴이겠냐

그도 한때는 붉은 칸나 곁에 두고
자귀나무 꽃그늘을 사랑했을 테지

눈 맞던 꽃들의 발자국도 감감해
새가슴의 한 사내가 바람능선을 타다
간이 쥐눈이콩만큼 작아진 일 말고는

동짓달 그믐밤에 천불이 났던지
속울음 삭히던 진홍가슴이
자귀나무 문설주에 목을 매 자살했다는
풍문만 떠돌고, 아무도 그 새의 가슴을
눈으로 본 사람은 없었다고

두타산입술대고둥아재비달팽이

내 별호가 혹은 호명되는 이름이
이렇게 길거라고는 짐작하지 못했다
아버지는 앞으로 내 이름이
더 길어질 수도 있다고 했다
내가 태어난 근황과 이름을 작명해서
아버지와 가까이 지내는
두타산 정상에 사는 얼레지에게만
슬쩍 귀띔했을 뿐
삼화동주민센터에 출생신고는
별달리 하지 않았다
아버지가 두타산 무릉계곡 근처
선녀탕을 지나 용추폭포라는 작명가 집에서
한나절 고민해 지어온 내 이름,
두타산청옥산이기령무릉계곡소비천골
신흥리입술대고둥아재비달팽이, 라고

생강나무부적

동박새가 생강나무 꽃망울 터트리고
맘 준비 없이 초경을 시작해 울고 말았던
내겐 슬픈 꽃으로 피는 둥근잎생강꽃

봄만 되면 아팠던 엄마를 위해
외할머니는 복상골 땡삐무당을 데려와
정성껏 메밥을 짓고, 엄마 머리카락을 잘라
바가지에 담아서 퇴송 굿을 했다
나는 생강꽃으로 소꿉놀이를 하다가도
엄마 심장이 뛰는지 안방 문을 열곤 했다

꽃 몸살 앓으며 생강꽃 피어날 때
엄마의 베갯속에 새(鳥)부적을 그려 넣던
땡삐무당의 입에서 동박새를 부르는
휘파람이 번지고 있었다

불임의 묵호항

소금기 절은 육신으로 해안도로 달리면
번져오는 바다 해무 껴안을 수 있을까

묵호항 방파제 공사가 한창 진행 중인데,
썩어 문드러지는 게 어디 바다뿐이겠는가
해돋이마을 사람들 가슴이 무너져 내린다
시커먼 울음 컹컹 뱉으며 파도는 처박히고
물고기들, 더 이상 산란하지 못한다

개발논리 정당성을 앞세워 물꼬를 가로막고
아침에 '가장 먼저 해 뜨는 집' 팻말 건 모텔
치즈냄새가 나는 '시드니, 라메르' 카페들
방파제를 끌어당겨 장삿속을 채우고 있다

지금 묵호항은 수태하지 못한다
등대 불빛만 절절할 뿐, 무배란기다

귀 빠진 날

추석 무렵, 음력 팔월 스무 이튿날
불알 달고 세상에 태어났어야 했는데
나는 엄마의 체면을 세우지 못하고
태어나자마자 포대기째 윗목에 밀쳐졌다

순희 언니는 산바라지 미역국을 끓였는데
눈치 없는 미역이 솥뚜껑 들썩이며 넘쳤다

처마 밑 곶감 꿰듯 줄줄이 딸 많은 우리집
엄마는 또 딸 낳은 죄로 산후조리는커녕
아픈 배를 꼣단 묶듯 질끈 동여매고는
들깨 콩 벼 타작 온갖 가을걷이를 했다

배움이 깊던 아버지, 딸도 귀한 자식이라며
대문에 솔가지를 맨 새끼줄로 금줄을 쳤다

신기역 이름을 고칠 뻔했네

구절양장 같은 우리네 인생살이
누군들 상처 없는 영혼 있으랴마는
신기역 철길 풍경처럼 정겨울 순 없을까

역 이름을 환선역(幻仙驛)으로 고치고
영동선 열차가 신기역 플랫폼에 도착할 때
삼척 안의리 모과나무 꽃같이 젊은 누이가
버선발로 마중 나오면 좋겠다

안정사 불두화는 환선굴 대금굴 간다
꽃샘추위에도 연분홍 모과꽃 필 때면
신기역 이름을 환선역으로 호명하겠네

백복령 옛길

아무도 가지 않은 숫눈길
홀로 가기가 두려워 한참을 망설이다
오금까지 빠지는 눈밭을 헤맨다

발자국 모두 눈 속에 파묻히고
눈사람의 숨결조차 정지해 있다
온기 머물던 자리에 눈꽃도장을 표시하며
눈꽃 설산 백복령 옛길 오른다

임계 가목리 골바람이 심장에 닿아도
따스하게 호명되는 백복령 자락
그 숫사람 만나러 복사골로 향한다

군둘레

논밭만 갈게 하지 마오
논두렁에 봇물같이 핀 개망초도 보고
싱아와 찔레도 꺾어 먹고 싶소
어디선가 소쩍새 울음이 들리오
얼갈이 무 배추 농사가 다 뭐요
갈아엎은 밭에 월동추꽃만 한창이오

농사만 지어도 자식 공부시키고
돈 걱정 안 할 그런 날이 언제란 말이오
소의 코뚜레와 멍에는 집어치우고
고삐 풀고 어디든 떠나고 싶다오

학비 보탠다고 소값 보러 장에 간 아버지
속은 썩어 이미 깡소주에 취한지 오래오
소 먹이고 소꼴 베던 언니들과 오빠는
소궁이에 먹다 남은 소여물처럼 오도카니
아버지를 기다리며 송아지 울음 삼켰다오

쌀자루

농사지은 쌀을 부지런히 갖다 먹어야만
아버님이 기뻐하는데, 죄송스럽다

아파트 베란다에 방치된 쌀자루를 여는 순간
누런 밀가루줄명나방들이 훨훨 날아오른다

쌀바구미들을 박멸할 대안을 찾으려는데
창문에서 울던 매미가 울음을 멈추고
집안을 관철(觀徹)하며 쳐다보고 있다

첫돌 무렵, 부모님 여의고 형수 손에 컸다
삼남매 잘 키운 진혁이 할아버지

구름같이 쌓인 시아버지의 장작더미에 반해
결혼한 며느리가 일요일 아침을 깨운다
다솔아, 진혁아 할아버지댁에 쌀 가지러 가자

숯가마골

동장군이 엄습하는 상월산 숯가마골
날짐승이 일찍 겨울잠에 든다
굴뚝 옆 지게작대기에 굴뚝새가 졸고

눈이 설산으로 숯가마골이 감감하다가
가마굴에 통참나무를 열 짐 넘게 지피면
불잉걸 숯덩이가 집채만큼 쌓이는데
부모님은 번개시장에 숯을 내다 팔았다

숯 굽는 가마가 쉬는 날에는
온 식구가 큰 화덕에 둘러앉아서
산토끼 참새 오소리 고기를 구워먹는데
참새구이는 아버지와 오빠만 먹었다
여자에게 금기시한 참새구이에 군침만 꼴깍

관음암 가는 길

삼화사 관음암에는 풍경소리 감감하고
절 보수공사가 자꾸 맘에 걸리는 산행

자주용담과 쪽동백에 새싹이 돋아나고
피마름골 하늘문에서 청설모와 마주한다

신선바위에 앉아 고수레하며, 밥을 먹는데
산들바람이 슬쩍 와서는 등줄기를 적신다

그대 등을 바라보며 관음암 오르니
이제 가파른 삶의 뼝때라도 함께 가겠네

대관령 바우길

풀꽃들이 성가시게 푸른 날
몇 번의 호흡 잇대며 바우길 오른다

선자령 봄볕에 곧추서는 저 연애(煙靄)들
거북돌 샘터에서 헐근할근한 목을 적신다

어머니 품안 같은 대관령 옛길에는
매발톱, 돌쩌귀, 비비추, 구릿대 피어나고

고루포기산 고로쇠나무길 지나
바람개비 도는 선자령 풍차길 오른다

여명의 소나무길, 산 위에 바닷길
강원도 대관령 바우길로 통하는 곳

그냥 사람이 좋다, 대관령 둘레길에서
한솥밥 둥글게 먹으며 길동무가 되고

원울이재에서 꽃잠 자고 일어나
솟대가 손짓하는 푸른 방향으로 가자

된비알에 감자꽃 둥글둥글 피어나는
가도 가도 순박한 대관령 바우길

나한정역

다시 태어나 그대를 사랑하게 된다면
섬바위골 코끼리바위, 토끼봉 노을로 남아
나한정역 스위치백 구간 기적소릴 품고 싶어
그 역 앞 마당가에 엽서 같은
단풍나무 한 그루
고, 참한 숨결을 차마 떨칠 수가 없어
가을 단풍들 때 다시 오겠노라고
통표(通票) 같은 한마디 남기고 돌아서는데
자꾸 등 뒤에서 누군가 부르는 것 같아
난 그만 홍전역으로 가는 길조차
깜박하고 말았네

* 나한정역: 강원도 삼척시 도계읍 심포리에 있는 역으로 스위치백 구간이 있음.

감추사

잘생긴 해송을 밀쳐내고
해당화의 붉은 입술을 더 쟁여야만
해풍처럼 조우할 수 있다

석실암 샘물이 아직 차다
단애에 서 있는 찬물내기 바다를 보면
해당화못털진딧물이 잎맥 따라 절정이다

어인 일인지 밥 한 술 뜨지 못하고
천곡 감추사 해우소 파도를 원망하는데
해당화못털진딧물의 뒤가 자꾸 마렵고
내 뒤로 구린 경치가 펼쳐지고 있다

까틀복숭아 서리

책가방은 복숭아밭에 던져도 좋다
사시나무 떨 듯 쿵쾅대는 심장은
미루나무에 꽁꽁 묶는다

감나무에 쏜살같이 오르는 월숙이
물동이를 잘 이던 은자
툭하면 왼팔이 빠지던 오줌싸개 경옥이랑
까틀복숭아 서리하기로 작당한다

덜 여문 까틀복숭아를 정신없이 따는데
어린 맘에도 자꾸만 뒤통수가 켕긴다
까스러워도 얼른 따, 하는 이명에
뒤돌아보니 코흘리개 친구들의 머리채는
과수원집 할머니 손에 잡힌 뒤였다

우리는 복숭아밭에 묶여 한나절 보냈고
반성문 대신 할머니가 따준 복숭아를 안고

집으로 왔는데, 부모님은 회초리 대신
내 맘 아는 듯 어서 저녁밥 먹으란다

서리한 죄책감에 밤새 가위눌리다 깨보니
머리맡엔 까틀복숭아들이 굴러다니며
키 재기를 하고 있었다

누에고치

뽕나무 가지에 매달려 입술 꺼매지도록
오디를 따먹고 싶었다
어릴 적 부모님을 따라 산 뽕잎을 따러
명주꾸리를 다 풀어야 된다는
상월산 명주막골을 헤매고 다녔다

누에들이 오령(五齡) 잠을 자고 나면
부쩍 크는데, 식구들 곁으로 자꾸 온다
잠자다 깨보면 굼뜬 누에들이
내 어깨까지 기어와서는 행진한다고

어머니는 아픈 정태 조카를 위해
몸에 좋다는 버섯 질경이를 뜯으며
물컹한 눈물 치마폭에 담곤 했다
병문안 갔을 때 누에고치처럼 순하게 웃던
사촌오빠, 일환이 명환이 남겨 놓고
전주 이(李)가 문중 산에 누웠다

묵호 등대

촘촘히 박힌 집들이 하나둘 떠나고
드문드문 집터가 있는 자리마다
초록별이 내려와 잠든 등대 마을
해풍 냄새가 가득 밴 뱃사람의 하루를
오징어 할복하듯 널어 말린다

사람의 바다는 아직 멀리 있다
해연풍을 타고 온 전자우편함에는
잠시, 용연향 포구에 정박 중이라고
조개껍질 같은 언어들이 침잠해 있다

밤새 어달리 파도소리만 기억하다가
멀어져가는 뱃고동소리를 잊기로 한다
주머니에 담긴 나침판을 만지작거리며
까막바위 바라보고 서 있는 묵호 등대

곰배

큰 가마솥에는 소여물이 끓는다
밥솥에 통감자와 보리쌀을 안치고
정지 부뚜막 아궁이 옆에는
어머니 시집온 햇수만큼 나이 먹은 곰배가
수캉아지처럼 웅크리고 앉아 있다

해가 일찍 떨어지면 군불을 지피는데
장작 냄새가 아버지 겨드랑이를 닮았다
아궁이 깊숙한 곳에서 알불을 꺼낼 때
곰배의 쓰임새는 사랑방 목침기처럼
그의 존재를 굳건히 했다

비가 오는 날, 어김없이 어머니는
아버지가 좋아하는 칼국수를 삶았는데
그때마다 칼국수를 썰고 난 끝 무렵
곰배로 살살 눌러가며 국수꼬랑지를
벙그렇게 구워주었다

흙 부뚜막이 맥없이 꺼져 내려앉으면
곁에서 꾸벅꾸벅 졸던 황구(犬)를
곰배로 툭 치면서 분풀이하던 어머니
고향집 부엌엔 곰배만 홀로 감감하다

제4부

표절한 거울

거울 앞에 서면
몸속까지 훤히 표절될지 몰라
외람된 눈길로 누군가 그녀를 주시한다
거울 속에 있는 사람을 당겨보면
대량 도용된 그녀들이 줄줄이 나온다

발에 차이는 게 시인이라고 했나요
야하디얄라숑, 표절 시인, 표절 거울
손거울 꽃거울 관공서 입구 큰 네모거울
표절이니 도용이니 하는
단순논리로는 이해 못해요

가령, 화장대 꽃거울 속에서
음숭하게 보는 표절된 또 한 여자
애리애리한 이름으로 걸어나온다

암고운부전나비 밀항하다

저기 미친 파도산의 높이 해가며
가세마을 해무가 발목 붙들고 놔주질 않아
찬물내기 해변에 해당화 지천이면 뭐해
꽃들에겐 통 눈길 주지 않으니

안목호 여*처럼 젖가슴 보일 듯 말듯
까막바위에 날아갈수록 갈증만 더해
감쪽같이 꽃나비 수음이라도 할까

추암 능파대의 빳빳한 소갈머리하고는
그새 못 참고 촛대바위 자세로 설레발친다
탱글탱글한 엉덩이 까고, 소피보는 여인네
별일 없는 듯 '꿈의 궁전 호텔' 에 날아든다

다문다문하게 적은 항해일지엔
나비춤이 표표하고, 늘그막 해풍을
옆구리에 끼고 지내온 세월만큼

암고운부전나비 동해로 밀항한다

* 물속에 잠겨 보일락 말락 하는 바위.

별마로 소년

밤하늘에 초록별 총총한 날
팔베개를 하고 널평상에 누워보세요

모깃불은 쑥부쟁이 한 움큼만으로도
어머니 젖가슴처럼 아늑해요

천상열차분야지도와 나침반 챙기지 말아요
어둠을 업고 가고자 함이 곧 길이잖아요

별님에게도 혈액형이 있다고 했죠
K형, M형, A형, O형, F형 그리고 J형

응봉산 연하계곡 단풍별을 하객으로
영월 별마로천문대에서 결혼식 올려요

상월산 진달래

먹을거리나 주전부리가 적었던 시절
소쿠리 가득 쑥떡 보리개떡 막걸리술빵
봄볕을 간장에 찍어 먹던 미나리부침개
연한 찔레순과 싱아가 유년의 먹을거리였다

백복령 상월산에 담뿍담뿍 피는 진달래꽃
입가가 검붉어질 때까지 실컷 따먹고 나면
뱃구레는 진달래화전처럼 맛있게 불렀다

순옥아, 정대야, 애리야, 산에서 안 내려오면
참꽃문둥이가 달려와서 간(肝) 다 빼간다
산 등가를 참꽃으로 손사래 치던 엄마 목소리
부모님 무덤가에 진달래꽃 소복이 피었을까

돈세탁

돈을 세탁기에 빨았다
미지근한 세제와 적당량의 불림 센서들
세탁기가 알아서 주무르고 비벼주는
일상이 돼버린 빨래

채무자와 채권자로 입금되어
발 빠른 정권 교체하며 수작 부릴 때
돈 주인은 비누거품 물고 발광했을 테지
더러운 몸 꺼풀도 헹구고 탈수하고 나면
깨끗한 세상이 빨랫줄에 건설되겠지

탈락된 살점들 팅팅 불어 가라앉고
헹굼 물 쏟아져 내린다
처진 자궁을 곧추세우고야 마는
남루한 수문 더듬는
빳빳한 돈세탁

세탁기에서 세탁되어 나온 지폐 몇 장
베란다 건조대에 쪽 널어 말린다
치렁치렁한 욕정을 펴 말리듯

도라산역

한 맺힌 세월 통일의 침목 놓으며
애타게 이날 기다렸습니다
철조망으로 남북을 갈라놓았다 해도
휴전선은 있으나 마나입니다

새들도 자유로이 한반도를 오가련만
피붙이 만나는 게 뭐가 문제입니까
통일로 가는 역사의 현장 도라산역에서
혈육의 통표 들고 파람이가 손 흔듭니다

낙랑공주가 영수암을 보듬었던 것처럼
맨 주먹으로 통일되면 어떻습니까
내일은 경의선 열차가 기적소리 울리며
평양역에 도착하면 좋겠습니다

발편잠

아버지가 군불을 때다가
부엌 아궁이의 방고래가 막히면
코쿨이 있는 아랫목 구들장을 뜯었다

석유냄새 밴 남폿불이 방을 환하게 할 때
아버지 무릎에서 콧등 까맣게 끄슬려가며
구구단과 국민교육헌장을 외웠다

엄마의 젖무덤은 늘 오빠가 차지했고
정수리에 쌍가마가 있는 말녀 동생과
나는 아버지 품에서 잠이 들었다

고향집 구들방 뜨끈뜨끈한 아랫목에서
한숨 늘어지게 발편잠 잤으면

탯줄

엄마별에서 둥근 태(胎)를 통해서만
세상과 처음 소통할 수 있다
푸른 혈흔으로 태반을 감싼 양수는
무논의 봇물처럼 경이로움이었지만
목에 탯줄 감고 태어난 오빠는 숨이 없었다
며칠 후 심장 뛰는 소리를 듣고 나서야
외갓집에선 동네잔치를 벌였다
가슴 뜨거워지는 시를 잉태해 보겠다고
밤새 묵호 등대를 데려다놓고 글 쓰다 보면
나는 친정엄마의 젖가슴이 그리웠다
홍역하다 셋은 깜부기 되어 땅에 묻히고
딸 넷과 아들 하나는 용케 자랐다
배꼽이 자리 잡을 때 딱딱하게 굳은 태를
문종이에 잘 밀봉해 두었던 친정엄마
사랑도 글도 삶도 모두 시시해지는 날
장롱 속 탯줄을 보며 배꼽춤 춰야지

밥의 근황

백복령에 함박눈 내린다
사돈집에서 데려온 누렁이 개밥그릇에도
이밥처럼 하얀 눈이 쌓여가고
뒤란 장독대 위에도 눈꽃 밥상 차려진다

떡값이다 차 뙈기다 돈벼락 오가고
국회의 근황은 밥그릇 싸움으로
주먹질이 솟구친다
국가 녹을 먹는 이들의 밥그릇 위에도
함박눈 내리겠지

만약, 내 밥그릇 복지깨를 열어본다면
함박눈같이 하얀 이밥은 고사하고
문예지 한 귀퉁이에 실릴지 모른다는
기대만 부푼 시(詩)들이 낱알처럼 쌓여 있을까
밥의 근황이 궁금하기 시작했다

토종벌 새끼 치는 날

장수야 몰아라
아주 낮은 곳에 몰아라
어머니는 성황당에서 주문을 왼다
쑥 뭉치에 밀꿀 바른 벌통 뚜껑으로
아버지는 조심해서 벌을 받는다
꿀벌 새끼 치는 날, 우리집 축제날이다
장에 내다팔기 위해 잘 봉해둔
토종꿀을 먹을 수도 있고
만추가 되면 햇꿀을 뜨는데
황밀을 오부지게 퍼먹다가
꿀에 취해 단내나는 속을 베고
노루잠을 자기도 한다
솔부엉이 우는 저녁엔 가족들이 모여
덫 사냥에 걸린 산토끼를 구워 먹었다
아버지는 지금도 벌통을 짊어지고
조골질등골 덕세골 오르고 있겠지

우시장

전천강 얼음이 녹기엔 바람이 차다
소 키우며 농사짓느라 불혹 되도록
장가 못 간 진욱이 조카

섣부른 탁상정책에
영농후계자 웃음이 살아질까 걱정인데
이백삼십 년 세월을 뒤로하고
북평 우시장은 영영 파했다

그리움인들 없겠냐만
논밭 갈던 보습과 빈 마구간의 소 울음
소여물 끓이던 큰 가마솥에서
빨가벗고 목욕하던 추억만 있을 뿐

그래도 봄 오면 북평 장터에
꽃다지 배꽃 냉이꽃 활짝 피겠지

하루해의 발자국을 얘기한다
—콩비지

불린 콩을 맷돌에 넣으면
어처구니를 꽉 잡고 갈아야 한다
알맞게 불은 콩들이 뭉개지고
비릿한 콩물이 용소골 까치놀에 든다
가마솥에 끓어 넘치는 허연 거품들
바다에서 갓 퍼온 간수를 뿌리면
예뻤던 순희 언니의 젖멍울처럼
뽀얗고 부드러운 두부가 된다
남은 비지 찌꺼기는 소여물로 쓰거나
장작불을 때고 구들 아랫목에 두면
콩비지가 꿉꿉한 냄새를 풍기며 뜬다
구수하게 콩비지를 끓이려면
대파 마늘 마른 양미리 한 줌이 제격이다
저녁 밥상에서 식구들이 숟가락 부딪치며
긴 하루해의 발자국을 얘기한다

선운사 모과꽃

딱히 미운 구석도 없는 부서(夫壻)와
동백꽃 보러 고창 선운사에 갔었지요
지는 꽃잎겨드랑이에 붉은 눈자위 적시며
노을 곁에 잠시 쉬고 있는데
경내에는 연분홍 모과꽃이 한창 이뻤다오
우린 뜻밖의 모과꽃 사태에 홀망하다가
지는 동백의 눈 피해가며 나비춤을 추었고
모과꽃같이 함평나비같이 마주앉아
풍천장어에 복분자술 몇 병 눕히고 나니
가슴은 온통 육자배기 가락이라
'무슨 꽃으로 문지르는 가슴이기에 나는 이리도 살고 싶은가' *

* 미당 서정주의 시 제목.

손금

얼마나 자유로우냐 그대 손 내민다
갖다 대보면 따스하게 느껴지는 손길
손바닥을 펼치며 손금을 만져보라 했지
간절했던 순간들은 늘 땀을 쥐게 하는
푸른 손금 안에서조차 경계를 그었다

저 몹쓸 손가락질이 두려워서
정숙한 악수들과의 끈끈한 동침도 못하고
이별 앞에서 손 흔들지 못한 불온한 손길
손바닥만큼 직각으로 떨어지는 플라타너스처럼
한차례 소나기 같은 사랑이 지나갔다

잘 보이거나 빠른 승진을 원한다면
손바닥 비벼 손해 볼 일인가
아첨하는 세월을 짓이기고 싶었다
붉은 신호기 앞에 선 그댈 손가락질할 텐가
휘파람 쪽으로 푸른 손금이 자랐다

완경의 나날

—어머니

세숫대야에 원추리 사루비아 꽃들이
각기 다른 표정으로 포개지고 엉키며
햇볕에 물들어 가고 있습니다

그 햇살 속에는
달포에 한번 몸엣것 쏟아내는 나날과
콩 수수 감자밭 매며 허리 펼 여유 없이
나무 등걸처럼 거칠게 일만한 어머니,
지붕 위 조롱박이 살이 찔 때면
어머니 젖도 불었고
해산달에는 부른 배를 감추기 위해
문밖출입을 빨랫줄에만 널어 말렸던
어머니

그러나 지금 폐경기를 지났어도
완경의 가을이면 좋겠습니다

동해바다를 닮은 아이
—웅이

묵호항 방파제에 갈매기 날아오르고
간간이 뱃고동소리와 묵호역 기적소리
해안도로 은행나무가 노랗게 물들었다

웅이가 젖 뗄 무렵, 웅이 엄마는
비린내 나는 동해바닷가 삶이 싫다며
집을 나가서 여태 소식이 없다
어판장에 나가 막노동 일하는
아버지를 걱정하며, 라면 끓이는 아이
가끔은 엄마가 보고 싶다고 칭얼대며
손톱을 물어뜯던 웅이

약간 어눌하고 학교 결석이 잦은 아이
동네 꼬마들과 바닷가에 나가
해가 저물도록 게를 잡고 모래성 쌓거나
어린 꼬마들 도맡아 업어 주던 웅이

서툴게 익은 홍시를 검은 비닐봉지에 들고
청소년문화의집으로 달려와 품에 안기던
동해바다를 닮은 아이

청소년지도사란 직업에 대해 말문이 막히고
배고픔과 가난이 훗날 큰 힘이 된다고
자신 있게 말할 수 없었던 나는, 웅이의 물음에
어릴 적 가난이 상처만은 아니었다고
그저 속으로만 중얼거렸다

해설

자연과 존재의 정체성을 관철하는 견결(堅決)한 시적 의지

최영호(문학평론가, 해군사관학교 교수)

> 사랑한다는 것, 그것은 온갖 고독을 넘어서 세계로부터 존재에 생명력을 불어 넣을 수 있는 모든 것과 더불어 포획되는 것입니다.
>
> —알랭 바디우(Alain Badiou)

이애리 시인의 원래 이름은 상상을 초월한다. 시인이 고백한 자신의 진짜 이름은 "두타산청옥산이기령무릉계곡소비천골신흥리입술대고둥아재비달팽이"다. 강원도 백복령 아래 딸 부잣집에서 "불알 달고" 태어나지 않은 탓에 "엄마의 체면"도 세워주지 못한 시인은 어려서부터 "푸른 건초와 쇠똥 냄새" 맡으며 송아지를 키웠고, 아버지가 설 대목장에서 "나비무늬가 박힌/까만 고무신"을 사다 주면 무척 좋아하던 "여식"이었다. "배움이 깊던" 아버지는 "딸도 귀한 자식이라며/대문에 솔가지를 맨 새끼줄로 금줄"을 내걸며, 무려 서른 자가 넘는 긴 이름을 지어 주었다. 사실, 시인의 이름은 한번 들어서는 알 수 없고, 여러 번 들었더라도 쉽게 납득되지 않는다. 흥미로운 점은 고봉준령부터 여린 생명체까지 가득 담긴 점이다. 이름에 편견을 가진 사람이면 거북할 수 있고, 출생신고서에도 옮겨 적기 힘든 이름이지만, 그 길이만큼 궁금증도 한껏 유발한다.

내 별호가 혹은 호명되는 이름이
이렇게 길거라고는 짐작하지 못했다
아버지는 앞으로 내 이름이
더 길어질 수도 있다고 했다
내가 태어난 근황과 이름을 작명해서
아버지와 가까이 지내는
두타산 정상에 사는 얼레지에게만
슬쩍 귀띔했을 뿐
아버지가 두타산 무릉계곡 근처
선녀탕을 지나 용추폭포라는 작명가 집에서
한나절 고민해 지어온 내 이름

두타산청옥산이기령무릉계곡소비천골
신흥리입술대고둥아재비달팽이, 라고

—「두타산입술대고둥아재비달팽이」 부분

도대체 아버지는 왜 이렇게 긴 이름을 지은 것일까? 아니, 왜 이 정도의 길이에도 만족해하지 않고 이름이 "앞으로" "더 길어질 수도 있다"고 한 것일까? "두타산청옥산이기령무릉계곡소비천골신흥리입술대고둥아재비달팽이"란 이름은 멀고 아득한 북방 정서와 정겨운 우리말 사투리, 한국적인 향토성을 질박하게 시화화한 백석 시인의 시 「남신의주유동박시봉방」이란 제목을 연상시키는 한편, 우리 문단을 통틀어 매우 이례적이다. 모든 이름은 한 존재와 다른 존재를 구별하고 그 존재의 존엄성을 대표한다. 그래서 사람들은 이름을 더럽히는 것을 가장 큰 수치로 알고, 상대방이 내뱉는 '제발 이름값 좀 하며 살라'는 말도 거친 욕설보다 훨씬 더 날카로운 비수로 여긴다. 문제는 아무리 의식하며 살아도 이름처럼 삶을 살기 어렵다는 것이다. 실제로 아는 대로 실천한다는 지행합일(知行合一)의 삶도 간단하진 않다. 그런즉 자기 의지와 무관하게 타자에 의해 지어진 이름대로 삶을 살기란 더더욱 어려울 수밖에 없다.

"우리 인간되기는 어려워도 괴물은 되지 말자"는 홍상수

감독의 영화 「생활의 발견」에 나오는 대사는 참을 수 없는 존재의 가벼움으로 사는 사람에겐 충고 이상의 일침이었다. 생각 없이 살면 사는 대로 생각한다. 아무런 고민 없이 경험하는 대로 살면 삶도 그렇게 기계적으로 되풀이되고 지루하고 불행해진다. 그로 인해 자기 정체성까지 소멸될 수도 있다. 그런 점에서 타자의 욕구로 부여된 이름을 '자기 의지'로 성찰하고 재설정하는 일은 존재의 자기정체성을 수립하는 첫 걸음일 수 있다. 그런 점에서 영화 「늑대와 춤을」은 주목할 바가 많다.

이 영화는 미국 남북전쟁의 영웅이 인디언 종족의 문화를 새롭게 이해한 뒤 자신의 본래 이름을 되찾고 마침내 자기정체성까지 재정립하는 과정을 실감나게 다룬 영화다. 그러나 생존을 위한 선별적 사냥이 아닌 무차별적 사냥 이후 잡은 고기는 버리고 가죽만 벗겨가는 백인들의 살육장면에서 주인공 존 던버는 진짜 야만인이 누구인지를 재인식하고, '존 던버'란 자신의 이름까지 바꾼다. 한 존재의 이름 되찾기는 철저한 자기 확인 아래서만 가능하다. 그것은 자기의식을 일깨우는 일인 동시에 투명한 눈으로 자신을 둘러싼 세계를 다시 보게 하는 일이다. 자연의 순리를 따르고, 그 동체적 질서 아래서 살아가는 인디언들을 '밖에서 안이 아닌 안에서 밖을' 관찰한 존 던버는 인디언들에 대한 백인들의 편견이 얼마나 그릇된 것인지를 알아챈다. 그 후 '늑대' 로 상징되는 야만적 순수성과 '춤' 을 출 정도로 인디언 문화에 젖어든 그는 자기 의지로 자신의 진짜 이름을 선택한다. 그것이 '늑대와 춤을' 이었다. 이는 이질성에 대한 편견의 환부를 스스로 도려낸 한 존재의 정신적 승리인 동시에 모든 만물은 적어도 자기 나름의 중심을 가진다는 것을 인식한 존재의 자기정체성에의 눈뜸이다.

이런 요지는 156년 전 북미 인디언 수와미족 시애틀 추장의 편지에 집약되어 있다. 1855년 미국의 프랭클린 피어스 대통령은 지금의 워싱턴 주에 살던 수와미족에게 땅을 팔라는 요청서를 보냈는데, 이때 보낸 시애틀 추장의 답신은 자연과 존재의 자기정체성을 되짚어보게 한다.

> 어떻게 당신은 하늘과 땅의 체온을 사고 팔 수가 있습니까? 그러한 생각은 우리에게는 매우 생소합니다. 더욱이 우리는 신선한 공기나 반짝이는 물을 소유하고 있지도 않습니다. 그런데 어떻게 당신이 그것들을 우리한테서 살 수 있겠습니까? 이 땅의 구석구석은 우리 백성들에게는 신성합니다. 저 빛나는 솔잎들이며 해변의 모래톱이며 어두침침한 숲 속의 안개며 노래하는 온갖 벌레들은 우리 백성들의 추억과 경험 속에서 성스러운 것들입니다.

—시애틀 추장, 『죽음의 문화』, 「문명세계에 보내는 편지」 부분

시애틀 추장의 메시지는 우리의 이름과 자연, 존재와 사물은 처해진 상황과 맥락으로부터 결코 분리될 수 없고, 이질적인 것의 동체적 질서에 대해 올바른 인식을 촉구한다.

이애리 시인의 이름 역시 자연과 존재의 정체성이 하나로 결합되어 있다. 더욱이 시인의 진짜 이름은 부르라고 지어진 이름이 아니라, 시인 스스로 깊이 깨닫고 기억하며 살라는 이름이다. 즉, 시인 자신이 누구이고, 어디에 살고 있고, 어떻게 살아야 하는지를 시시각각 '인식하며' 살라는 아버지의 소망이다.

시인의 아버지는 자식의 이름을 자연으로부터 위탁받아 지었다. 시인도 아버지가 지어준 그 이름 속의 자연을 시적 소재로 삼았다. 다만, 서로 다른 점은 시로 재현된 자연은 자연 자체로 있지 않고 늘 인간과 혼재된 점이다. 아버지가 자식의 이름을 짓기 위해 "두타산 무릉계곡 근처/선녀탕을 지나 용추폭포라는 작명가 집에서 한나절 고민" 했다면, 시인은 사랑하는 연인을 만나러 "눈꽃 설산 백복령 옛길" 을 오르고 "임계 가목리 골바람이 심장에 닿아도/따스하게 호명되는 백복령 자락" 을 찾는다. 시로 재현된 자연은 아버지의 자연과는 전혀 다른, 시적 영감으로 재해석된 자연이다.

시로 재현된 자연은 사람의 흔적을 품고 있고, 나아가 다른 존재의 실체까지 측정하는 기준으로 작용한다.

시부가 농사지은 "아파트 베란다에 방치된 쌀자루 여는 순간/누런 밀가루줄명나방들이 훨훨 날아"도 시인은 그런 "쌀바구미들을 박멸할 대안"을 찾기는커녕 한술 더 떠서 "농사지은 쌀을 부지런히 갖다 먹어야만" 한다고 여긴다. 그렇게 해야 시아버지가 농사지으며 기쁘게 만난, 사람의 자연을 보다 살갑게 만날 수 있기 때문이다. 이런 사람의 자연은 평생의 반려자를 선택할 때에도 결정적인 잣대로 작용한다. "구름같이 쌓인 시아버지의 장작더미에 반해"(「쌀자루」) 마음의 결심을 하게 한 것도 사람의 자연이다. 이애리 시에 재현된 사람의 자연은 그 형태가 다양하다. 삶이 깃든 자연을 중시하는 시인의 시선은 "여명의 소나무길, 산위에 바닷길/강원도 대관령 바우길"(「대관령 바우길」) 어디로든 열려 있고, 이를 체화한 사람이면 그가 누구든 합리적인 이성적 판단을 넘어 "그냥 사람이 좋다"고 단언할 정도다. 그렇다 하더라도 이애리의 시가 소재로 삼는 자연이 모두 빼어나거나 아름다운 것은 아니다. 무슨 신비의 다른 이름도 아니다. 아름다우면 아름다운 대로, 투박하면 투박한 대로, 시인의 자연에는 늘 사람의 흔적이 자리한다. 이 자연은 망막에만 머무는 자연의 경계를 넘어, 시인 자신에게 시적 영감을 자아내고 마음을 울리며 함께 사는 사람들의 그늘진 삶을 들여다보게 만든다. 다시 말해, 시로 재현된 사람의 자연은, 시인 자신이 베풀고 나누고픈 사랑의 욕망인 것이다. 시인이 청소년지도사로 근무할 때 만난 아이를 소재로 한 「동해바다를 닮은 아이—웅이」에도 일부 그려져 있다.

> 웅이가 젖 뗄 무렵, 웅이 엄마는
> 비린내 나는 동해바닷가 삶이 싫다며
> 집을 나가서 여태 소식이 없다
> 어판장에 나가 막노동 일하는
> 아버지를 걱정하며, 라면 끓이는 아이
> 가끔은 엄마가 보고 싶다고 칭얼대며
> 손톱을 물어뜯던 웅이
>
> 서툴게 익은 홍시를 검은 비닐봉지에 들고
> 청소년문화의집으로 달려와 품에 안기던
> 동해바다를 닮은 아이
>
> —「동해바다를 닮은 아이—웅이」 부분

웅이의 어머니에게 동해바다는 "비린내 나는" 곳에 불과

하고, 어린 자식을 버리고 떠난 후 돌아오고 싶지 않는 곳이 지만, 웅이에겐 "해가 저물도록" 함께 놀아준 벗이다. 웅이와 동해바다는 둘 다 채워져 있되 비어 있다. 웅이에게 부모는 있으되 떠난 존재이고, 바깥 일만 계속하고 있어서 있으되 멀리 있는 존재이다. 그런데 동해바다도 다르지 않다. 사방천지가 온통 물과 백사장이지만 어느 물과 모래만 떼어내어 그것만으로 동해바다라고 할 수 없다. 이것 또한 그 자체로는 채워져 있으되 속성상 텅 빈 존재이다. 있긴 있으되 없는 듯 존재하고, 서로 다른 이질적 형태 속에 일정한 공통분모를 지닌 존재인 것이다.

웅이는 바로 이런 비어 있되 꽉 찬 동해바닷가로 나가 "어린 꼬마들 도맡아 업어" 주는 등 마치 자연의 순수성을 감춤 없이 드러내는 동해바다처럼 자신의 본능을 있는 그대로 펼치고 있는 것이다. 이애리의 시는 웅이의 이런 순진성과 동해바다의 자연스러움을 '닮음' 으로 본 것이다. 순진성은 인간의 자연스런 본질적 조건이다. 하지만 그것은 특정 상황과 환경에 의해 만들어지는 것이기도 하다. 가난 속에서도 구김살 없이 생활하는 웅이의 순진성과 거칠고 황량하지만 누구든 허용하는 동해바다의 포용성이 서로 닮은 것이다. 시인은 두 존재의 외형적 닮음이 아닌 내면적 닮음을 말한 것이다. 이런 유사성은 존 버거가 역설한 자연과 사물에 깃든 경이로움과 무한함의 공존 상태를 상기시킨다.

> 모든 사물에 공통된 어떤 속성이 있는데, 그것을 알게 되면 인간의 정신은 가장 위대한 자연의 경이로움에 눈 뜨게 된다. 제1원칙은 모든 사물에서 발견되는 두 개의 무한함, 즉 무한하게 큰 것과 무한하게 작은 것이다…. 자연은 모든 사물에 자신의 모습은 물론 자신의 창조자의 모습까지 새겨 놓았기 때문에, 모든 사물은 자연이 가진 두 가지 무한함을 공유하고 있다.
>
> ―존 버거, 『A가 X에게』 부분

하나의 사태를 시간 순서에 따라 진술하는 것에 익숙한 사람에겐 자칫 낯설지 모르나, 우리가 살아온 나날들이 대개 자잘하고 순서 없는 시간들의 집합이고 우열 없는 결합임을 안다면, 이애리의 시에 재현된 사람의 자연은 오히려 더 우리와 친근한 것일 수 있다. 때문에 시인이 거제도 여행 중에 만난 '외도'를 "벼랑에 맘 걸어둔 세월"을 간직한 "절벽의 섬"이라 하더라도(「섬노루귀―외도에서」), 눈 덮인 오대산을 다녀간 "소년"을 떠올리며 "오대산 능선을 타고 오는 게/안개자니계곡의 찬바람만이" 아니라고 부정하더라도(「안개자니계곡」), 저녁 밥상으로 날아든 "천곡동굴 애기박쥐"를 "동기간처럼" 생각해 창문을 활짝 열어주는 "속 깊은 할아버지"의 "첫 입맞춤"을 예감하더라도(「박쥐」) 이애리 시의 자연은 크게 낯설게 느껴지지 않는다. 여기엔 자연의 인과법칙을 초월하는 시인의 의식활동이 지배한다.

이애리의 시가 노래하고 부정하고 예감하는 것들을 우리 역시 단숨에 알거나 이해하고 표현하긴 쉽지 않다. 그 낱낱의 얘기를 들으려면 깊이 사유하며 사는 시인의 삶의 밑자리를 들여다봐야 한다. 그리고 이전에 지니고 있던 우리의 생각들도 동원되어야 하고, 그런 생각들과 직접 연관되거나 한때 관심을 가졌던 것들도 불러내야 하며, 상황이 맞지 않아 다시 가슴속 어딘가에 접어 두었던 것들도 가져와야 할지 모른다. 이런 열림과 뻗침, 확장의 사고가 없다면 시인이 우연히 만난 외도, 안개자니계곡의 찬바람, 천곡동굴 애기박쥐와 할아버지의 첫 입맞춤은 고립된 형태로 이해될 수밖에 없다. 이들 하나하나에 흐르는 서로 다른 시간들과 채 드러나지 않은 시간들끼리의 연계성은 감추어져 있다. 이애리의 시는 이렇게 해서 생겨난 자연이 시의 바탕을 이룬다.

이애리의 시에 재현된 사람의 자연은 우리 삶에 깃든 자연, 우리와 호흡하며 다양한 형태로 변주되는 자연을 노래한다. 그래서 시인의 시는 매우 낯설면서도 친근감 있게 다가온다. 산 정상의 우물과 자목련의 육체, 연인의 그리움과 귀룽나무 아바타와의 관계, 애호박에 깃든 욕망에의 비상과 그 내밀함, 서로 다른 나무의 사랑을 허용하는 자연의 침묵, 선착장에서 남루하게 살면서도 향유고래의 기질을 잃지 않는 사내란 표현들이 그 증거다.

쉰음산 정상에 고누판 오십정(五十井)
더위 식히려 낮달이 멱감던 소일까
자목련 몸엣것 쏟아낸 흔적일지도 몰라

—「천은사 꽃 기별」 부분

그대 술 한 잔을 타는 가슴에 붓고, 밤새 흥얼거릴 노래와 두타산 무릉계곡의 널따란 무릉반석을 이부자리 삼아, 보름달빛에 뽀얀 젖가슴 내줄 그런 여잘 곁에 둘 수 있다면, 그녀만을 위한 멋진 사람이 되겠다던 삼화귀룽나무 아바타 연인

—「삼화귀룽나무」 부분

담벼락에 치근대며, 누렇게 익어야 할 호박
허공을 짚고 둥근 직립을 시작한다는 것

젊은 날, 애호박이 담벼락에 머리 처박으며
절명(絶命)의 낙법사랑 체득한 후라는 걸
연륜의 대추나무는 이미 알고 있었다

—「둥근 직립」 부분

동막골 신흥사에는 부모자식처럼
혹은 연인같이 한 몸으로 살아가는
희한한 일가친척 배롱소나무가 있다

서로 사랑할 수밖에 없는
운명의 두 나무 이면에는
천둥 번개와 같은 불면의 세월과
덕풍계곡의 어마어마한 단풍
침묵으로 받아준 마읍천도 있다

—「일가친척나무」 부분

어달산 봉수대를 등져 있는 밤바다
묵호역 앞 동해장 여관에 머물던
향유고래 사내, 밀린 숙박일지는 적지 않고
늘그막까지 그물코를 손질하며
오징어 한 두름을 묵호항에 풀어놓는다

—「묵호항 선착장」 부분

이애리의 시는 서로 다른 것들을 한자리로 소집한 후 각각을 사랑의 시선으로 다시 묶는다. 시인은 이런 "사랑은 밥이"고, 이런 "사랑이 밥 먹여준다"(「한솥밥 둥글게 먹으면」) 고 믿는다. 정동진 역 철길 쪽으로 비스듬히 기울어진, 일명 "고현정소나무"가 "바다를 향해 서 있지 않아요/…/철길 옆에서 목을 쭉 빼고 비스듬히 있죠"(「정동(正東), 모래시계소나무」) 라고 하는 것도 이런 이해에 기반한다. 해송이 철길 쪽으로 기울어진 것은 동해바다에서 육지로 부는 바람 때문에 생긴 자연스런 현상이다. 그러나 시인의 시선에 비친 것은 그 외로운 소나무가 사람들과의 그리움, 사랑 때문에 그런 기울어짐이 생긴 것이라고 본다. 자연에 대한 이런 이해는 생존을 위해 살아가는 인간 존재의 자연적 법칙을 벗어난다. 여기엔 욕망하는 존재의 내부가 반영되어 있고, 자연 현상에서 삶의 의미와 가치를 찾으려는 시인의 창조적 욕망이 함축되어 있다. 이애리의 시는 자연적 상태에 처한 인간의 몸부림에 치중하기보다 자연적 현상에서 삶의 일상적 가치를 발견하는 인간의 삶에 눈길이 가 있고, 자연적 본능적으로 살아가는 존재의 삶을 통해 깊이 드리운 우리 삶의 근원을 찾으려는 것이다.

오대산 수목림을 걷다가 시심이 발동했을 법한 「오대산 손단풍에게 초록이 전부였던 그 화끈거림이란」은 손단풍의 미적 아름다움과 삶의 근원을 대비시킨 절창 중의 하나다.

새들은 붉은 단풍을 원했고
생에 있어 호된 뜨거움이란
단풍잎 같은 손거울에 나를 비춰 보는 일

지나온 모든 안부가 궁금했을 터
사랑이 한때 위험했다면
오대산 수목림 지나
청람빛 손단풍보다 푸르렀을까

(중략)

뭐든 푸르다는 것
생애 최고의 순간이었을
위험할 필요도 없던
초록이 전부였던 오대산 손단풍

그 푸른 단풍나무 그늘 이면에는

암암리에 산안개 뭉게구름 천둥 번개
별빛 이슬이 내려와 웅숭깊은 젖 물리며
새순 키운다는 것을

—「오대산 손단풍에게 초록이 전부였던 그 화끈거림이란」 부분

오대산의 붉은 손단풍에겐 초록이 필수적이다. 손단풍의 초록이 없으면 손단풍의 붉음은 시작될 수도 없다. 하지만 그 초록은 사라지기 시작하면서 손단풍의 붉음이 생겨나고, 그 초록이 완전히 소멸될 때 손단풍의 화려함도 극에 달한다. 이런 색채 교체는 너무나도 역설적이다. 왜냐하면 하나의 완결은 다른 하나의 시작이고, 하나의 소멸은 다른 하나의 탄생이기 때문이다. 시인은 손단풍 색채 변화에서 우주 만물의 상호작용과 그 비밀을 읽는다. 그러면서 손단풍의 초록이 어떻게 해서 생겼다가 소멸하는 데도 그대로 이어지고 있는지도 간파해낸다. 그것은 "암암리에 산안개 뭉게구름 천둥 번개/별빛 이슬이 내려와 웅숭깊은 젖" 때문이고, 소멸했다가 새로 생겨나는 초록 "새순"의 비밀도 여기에 있다고 보았다.

이애리 시는 화려한 수식도, 과장된 인위도 없는 자연스런 색채 변화에서 소멸과 재생을 반복하는 우주적 상호작용의 의미를 발견해낸다. 이를 통해 우리 인간도 사랑하는

것을 통해서만 최선을 다할 수 있고, 그럴 때 자아실현의 길도 찾을 수 있게 된다. 자연과 존재의 정체성을 견결(堅決)한 시적 의지로 새롭게 해석하는 이애리 시인은 자연의 아름다움만을 추구하지 않는다. 자연의 어느 한 부분만을 특화시키지도 않는다. 시인이 부여하는 '일정한 가치와 의미'를 통해서 시인의 자연은 자연 자체로 완결이 아니라 인간적인 삶의 척도가 된다.

다음 「별마로 소년」은 이런 가치와 의미를 더욱 확대시켜 보여준다.

밤하늘에 초록별 촘촘한 날
팔베개를 하고 널평상에 누워보세요

모깃불은 쑥부쟁이 한 움큼만으로도
어머니 젖가슴처럼 아늑해요

천상열차분야지도와 나침반 챙기지 말아요
어둠을 업고 가고자 함이 곧 길이잖아요

별님에게도 혈액형이 있다고 했죠
K형, M형, A형, O형, F형 그리고 J형

응봉산 연하계곡 단풍별을 하객으로

영월 별마로천문대에서 결혼식 올려요

—「별마로 소년」 전문

동화적 발상에 기초하여 시상을 전개하는 「별마로 소년」은 우리가 가 닿을 수 없는 것들을 상상을 통해 접촉함으로써 "단풍별을 하객으로" 삼는 공통적인 세계를 노래하고 있다. 그리하여 이런 상상적 이해가 단순히 개인적이거나 주관적인 것일 수 없다는 것을 넌지시 암시하고 있다. 물론, 시인의 상상은 사적인 상상일 뿐 아니라 개별적인 감정이입이 투영된 주관적 활동이다. 그럼에도 불구하고 우리는 이런 상상적 합리성을 인지적으로나 체험적으로 그릇된 것이라고 거부할 수 없다. 그도 그럴 것이 시인이 청유하는 별들의 세계는 어떤 사회적 관계나 실천, 제도나 형식으로 구성되지 않고, 우리가 생각하는 모든 것을 은유의 지평에서 상상적 구조를 통해 만들어지기 때문이다.

이를 통해 이애리의 시가 촉발하려는 것은 우리가 공유하는 지각과 느낌, 서로 동시에 경험하되 각기 다르게 해석할 수 있는 의미와 상징 등이다. 이는 우리 삶에 드러난 그대로 가려져 있는 것에 대한 상상적 탐색일 수 있다. 단순한

합리적 계산만으로는 이런 지각, 느낌, 의미, 상징을 만나기 어렵다. 우리가 타인의 세계에 대한 서로 다른 경험에 상상적 탐색으로 참여하지 않는 한 타인에 대한 존중과 배려가 우리에게 무엇을 요구하고 있는지를 알 수 없다. 그런 점에서 이애리의 시가 환기하려는 자연적인 것은 우리에게는 너무도 멀리 있으면서 동시에 지극히 가까운 곳에 위치하고 있는 것인지 모른다. 밤하늘에 반짝이는 별들이 저마다 혈액형을 가진다는 환상적인 표현은 시인의 자기만족이나 열광적인 표현이 아니다. 그 하나하나는 바로 곁에서 만질 수 있고, 경험할 수 있으며, 공감 가능한 존재처럼 '생생하게 살아있다'는 것의 시적 표현인 것이다. 이런 삶을 공유하기 위한 준비로 이애리의 시가 강조하는 것은 지도나 나침반이 아니다. 그보다는 "어둠을 업고 가고자" 하는 우리의 의지다. 이런 의지가 다가갈 수 없는 세계로의 "길"을 만든다. 밤하늘의 별까지의 길이 이럴진대 사람에로의 길은 더 말해 무엇 하겠는가!

이애리의 시는 온전한 삶보다 결함이 '있을 수밖에 없는' 삶을 더 중시하고, 그런 결함 때문에 더더욱 그 삶을 포용한다. 따라서 "붉은 심장을 가진 새/얼마나 뜨거운 가슴을 지녔으면/새 이름이 진홍가슴"(「진홍가슴」)이겠냐고 묻는 시인의 질문은 타인의 삶을 목적이나 수단 차원에서 거론하는 답변을 멀리 한다. 그보다는 강한 동료의식에 자신을 양보함으로써 타인의 삶 '안으로' 흘러드는, 이를테면 느낌의 공감과 인간적인 이해를 선호한다. 이승에선 더 이상 사랑할 수 없는 연인들에게는 "고, 참한 숨결을 차마 떨칠 수가 없어"(「나한정역」) 서로가 품고 사는 고통을 강원도 삼척 도계읍 나한정역의 '스위치백 구간' 처럼 열차를 되돌려 제대로 정상 궤도를 달리면서 느끼는 고통의 삶이 더 적격이라 여긴다.

하나의 기억은 정보로 얻어지는 게 아니다. 그것은 감성과 인지력으로 만들어지고 공감의 지평에서 시간의 생기를 가져온다. 잃어버린 조각들을 세세히 수집한들 철지난 기억들은 자신의 욕구와 욕망에 그대로 반응할 정도의 생기를 주지 못한다. 이애리의 시가 "엄마의 젖가슴"과 "아버지의 품"을 그리워하는 이유는 여기에 있을지 모른다.

홍역하다 셋은 깜부기 되어 땅에 묻히고
딸 넷과 아들 하나는 용케 자랐다
배꼽이 자리 잡을 때 딱딱하게 굳은 태를
문종이에 잘 밀봉해 두었던 친정엄마
사랑도 글도 삶도 모두 시시해지는 날
장롱 속 탯줄을 보며 배꼽춤 춰야지

—「탯줄」 부분

사람에게 "잘 보이거나 빠른 승진을 원한다면/손바닥 비벼 손해 볼 일"은 아니지만, 적어도 시인으로서의 이애리는 남에게 "아첨하는 세월"을 노래하지 않는다. 비록 사랑하는 연인과의 "이별 앞에서 손 흔들지 못한 불온한 손길"(「손금」) 때문에 마음 저리고, 어린 시절 함께 놀던 "진우, 진녀"가 세상을 떠나고 꿈을 갖게 했던 초등학교가 폐교로 변해 이젠 "유년의 추억만/이명처럼"(「달방리 연가」) 맴도는 삶에 접어든 나이지만 "개발논리 정당성을 앞세워 물꼬를 가로막고" "방파제를 끌어당겨 장삿속을 채우"는 바람에 지금의 묵호항이 "등대 불빛만 절절할 뿐, 무배란기"(「불임의 묵호항」)로 변하는 것을 외면하는 시인은 아니다. 우리는 「곰팡이」 시에서도 시인의 견결(堅決)한 시적 의지를 확인할 수 있다.

꽃 아니라고 기죽지 마라
눅눅한 습지를 지탱해온 그늘과
불임의 시간들 뭉쳐 촘촘히도 피었구나

너를 다녀간 세상의 모든 음지가

다 독 되는 게 아니라고 믿는다
만지기만 해도 세균 번지고 마는 것은
저 불온한 사람의 손길이지
이어지는 혐의들

그리운 체온 감지하며 늑골 아래서
저토록 푸르게 꽃이 될 수 있으니
내 스러져 썩은 후에도 다시
이녁의 한 줌 허리에 깐깐한 꽃으로
피어날 수 있을까

—「곰팡이」 전문

시인의 의지는 사람에 대한 사랑과 그리움에 그 뿌리를 둔다. 시인의 부서(夫壻)가 철도원인 까닭에 이애리의 시는 강원도 곳곳에 위치한 '역(驛)' 을 곧잘 시적 소재로 삼는다. "맨발로 모래톱 뒹굴어도 좋은"(「추암역」) 것처럼, '역' 을 소재로 삼아서 풀어놓은 시인의 시적 정서에도 그리움이 지배하고 있다. 너무 사랑한 탓에 "가끔은 살아가는 일이/떠나는 열차 뒷모습처럼 쓸쓸해지고/뒤돌아보며 애써 웃던 그를 생각하면/아직 작별하지 못한"(「미로역 명자씨」) 영동선 미로역 철길에 핀 명자꽃이 그러하듯, 열차가 떠난 뒤

"기적소리만 플랫폼에 울고" 서 있는 동해역의 "소나무 한 그루"(「동해역에서 소주를 마시다」)도 사람과의 그리움을 잊지 못 한다. "첫눈 오는 날, 소금별 기차를 타고/도계역 지나 나한정역에 내려"(「소금별 기차」) 보라는 시인의 간곡한 권유도 기차역에 맴도는 그리움의 정서가 주조를 이루는데, 『한국철도』에 시 「도라산역」이 발표된 후 도라산역에 초대되어 '평화통일 기원 빛과 소리의 향연' 시낭송을 했던 "통일로 가는 역사의 현장 도라산역에서/혈육의 통표 들고 파람이가 손 흔"들고 외친 것도 "새들도 자유로이"(「도라산역」) 오고가는 것처럼 분단의 한반도에서 마땅히 회복해야 할 그리움에 대한 시인의 열망이 담겨 있다.

「하슬라역」도 마찬가지다. 이 시의 '하슬라역'은 실제하는 역이 아니다. 하슬라아트월드, 펜션하슬라, 하슬라카페, 하슬라레스토랑은 있지만 하슬라역은 없다. 강원도 영동선 강릉역과 동해역 중간 즈음 "밤 파도의 포말을 밀어내듯 발빼하면서/심곡항 등대" 처럼 해안가 어딘가에 존재할 법한 하슬라역은, 마치 사람 때문에 생겼다가 사람 때문에 지워지고, 사람 때문에 타올랐다가 사람 때문에 삶 속에 깊어지는 그리움처럼 부재로 존재한다. 이애리 시인의 「하슬라역」은 사람의 근원적 그리움에 대한 시인의 낭만적 헌사다.

구름에 가려 찬란한 일출을 보질 못하고
동해안 철길 해송을 카메라에 담지 못해도
겨울비가 기차 레일 위에서 훌쩍여도 좋다
화비령에 진눈깨비 날리다 금세 폭설로 변해
오가는 사람들 발목을 덜컥 붙잡아도 좋다

역내에는 해연풍 같은 음악이 흐르고
마지막 남은 담배 한 개비를 궁굴리며
주머니에 라이터가 없어도 허전하지 않겠다
철도신문을 뒤적이다 해국(海菊) 같은 하슬라역을
배경으로, 한 잎의 시를 써 내려가도 좋다

(중략)

눈 속에 파묻힌 기차 레일을 찾아내서
그대와 거리를 조율하듯 가깝게 좁혀놓고
해맞이 온 사람들 행선지가 바다로 향해도
밤 파도의 포말을 밀어내듯 발빼하면서
심곡항 등대처럼 밤새 글썽거려도 좋다

—「하슬라역」 부분

시인은 시적 소재 대부분을 자연에서 빌린다. 그 자연은 사람의 흔적이 깃든 자연이다. 첫 시작은 아버지가 지어준 긴 이름이지만, 시인은 자기 이름 속의 자연을 시적으로 재현함으로써 빛나던 내면을 찬찬히 토해낸다. 시적 영감을 불어넣은 아버지는 부재중이지만, 우리 삶에서 죽음으로 한 존재의 인생 전체까지 무효화 되는 것이 아니라면 아버지의 죽음도 사라지는 것은 아니다. 오히려 아버지의 영혼은 시인의 작품을 통해 영원히 살아 있고, 아무도 없는 곳에 있다기보다 시인과 함께 존재한다. 이애리의 시는 "그대와 거리를 조율하듯" 부재로 존재하는 아버지의 꿈을 부단히 상기하고, 그것을 불러내어 일정한 결실을 맺은 사랑으로 시상을 전개한다.

사람의 흔적이 감도는 자연을 볼 때마다 시인은 자신의 마음 속 격정을 억누르지 못한다. 바로 그때 터져 나오는 것이 시다. 이애리의 시는 단지 하나의 노래가 아니다. 그것은 시의 눈길 속에서는 벌거숭이가 될 수밖에 없는 인간 본연의 모습이다. "눈 감아야 선명히 각인되는 신선봉"처럼 보던 눈길 멈추고 음미하면 음미할수록 이애리의 시는 "입안 가득히 사랑이 도톰해지" 듯 생기를 촉발한다. 그래서 시인의 온몸을 가득 채우고 넘쳐나는 마음속 격정들을 다채롭게 갈무리한 첫 시집 『하슬라역』은 "보드란 해연풍 한 잔을 나눠 마시며", "영동선 열차가 신기역 플랫폼에 도착할 때/삼척 안의리 모과나무 꽃같이 젊은 누이가/버선발로 마중나"와 있어 우리가 마음만 열면 금방 닿을 수 있는 심미적 거리에 있다.

시인의 말

밥값도 안 되는 시 작업을 하는 동안 동해역 그를 외롭게 해서 미안함이 앞선다. 시 고샅에서 쭈뼛거리던 10여 년을 한 권의 시집으로 묶으니 홀가분하고 고마울 따름이다.

시작(詩作)의 탯줄이 된 고향과 철길 나들이에 만났던 뭇 이녁들의 융숭함과 혜량에 시집을 엮을 수 있었다. 미흡한 시를 돌올(突兀)하게 옷을 입혀준 시와에세이 출판사에 감사드린다.

동해안 하슬라역에서 해연풍 한 잔 나누고 싶다.

2011년 첫봄, 동해 두타산 자락에서

이애리

하슬라역

2011년 3월 21일 초판 1쇄 찍음
2011년 3월 30일 초판 1쇄 펴냄

지은이 _ 이애리
펴낸이 _ 양동문
펴낸곳 _ 詩와에세이

신고번호 _ 제319-2005-000014호
주소 _ (120-865) 서울시 서대문구 북아현동 1-495 세방그랜빌 2층
대표전화 _ (02)324-7653, 070-8877-7653
팩시밀리 _ 0505-116-7653
휴대전화 _ 010-5355-7565
전자우편 _ sie2005@naver.com
공 급 처 _ 한국출판협동조합
주문전화 _ (070)7119-1741~2
팩시밀리 _ (031)944-8234~6

ISBN 978-89-92470-60-5 03810